고구려, 백제, 신라, 그중 가장 작은 나라 신라가 세 나라를 하나로 통일했어요.
신라는 어떻게 삼국을 통일했을까요?
백제와 고구려의 마지막 모습을 만나 보아요.

삼국을 넘어 하나로
삼국 통일

나의 첫 역사책 7

이현 글 | 허구 그림

휴먼어린이

어느 날, 고구려에서 괴이한 일이 일어났어요.
강물이 거꾸로 흘러 물난리가 나서
백성들이 큰 어려움을 겪었어요.
그런데 추남이라는 자가 잘못된 행동을 한 왕비 때문에
하늘이 고구려에 벌을 내린 것이라고 했어요.
화가 난 왕과 왕비는 당장 추남을 처형하라 명했지요.
추남은 병사들에게 끌려 나가며 소리쳤어요.

"죄 없는 나를 이렇게 죽이다니! 두고 보아라.
나는 신라의 장군이 되어 고구려를 멸망시킬 것이다!"

그날 밤 왕의 꿈에 추남이 나타났어요.
추남의 혼은 신라로 날아가 젊은 부부의 아기로 태어났어요.
아기의 이름은 유신이었어요.

가야 왕족 김서현과 신라 왕족 만명 부인의 아들 김유신은
씩씩한 화랑으로 자랐습니다.
김춘추라는 동무와 가깝게 지내며
함께 공부하고 함께 무예를 익혔어요.
축국을 하며 즐겁게 뛰놀기도 했지요.
그리고 두 사람은 어려서부터 같은 꿈을 꾸었습니다.
어른이 되어도 그 꿈은 변하지 않았어요.
그것은 신라를 위한 큰 꿈이었어요.

"신라를 지켜야 하네! 더 이상 고구려와 백제에 당할 수 없어!"
"우리 신라가 전쟁을 끝내야 하네!"

그건 쉽지 않은 꿈이었어요.

고구려와 백제가 손을 잡고 신라를 궁지로 몰고 있었어요.
고구려는 거대한 나라였습니다.
중국의 수나라와 당나라도 물리칠 만큼 강했어요.
고구려의 연개소문은 중국도 겁낼 만큼 용맹한 장군이었어요.

백제도 강한 나라였어요.
백제의 의자왕은 뛰어난 왕이었어요.
직접 군사를 이끌고 신라를 공격하기도 했지요.
이미 신라의 땅을 많이 빼앗았어요.

"백제군이다! 백제가 쳐들어왔다!"

백제군은 신라의 대야성을 공격했어요.
대야성의 성주는 김품석, 김춘추의 딸 고타소의 남편이었어요.
하지만 김품석은 나라를 지키는 일에는 관심도 없고,
놀러 다니기만 했어요.
부하들을 괴롭히는 일도 많았지요.
백제군의 공격에 신라군은 허둥대기만 했어요.

백제군은 가볍게 대야성을 차지했어요.
성주 김품석과 그의 가족들의 목숨도 빼앗았습니다.
딸을 잃은 김춘추는 눈물을 흘리며 복수를 맹세했어요.

"내 반드시 백제를 멸망시킬 것이다. 반드시!"

백제의 의자왕은 자신만만했어요.
왕궁을 호화롭게 꾸미고 날마다 잔치를 열었어요.
백제의 왕궁에서는 춤과 노래가 그치지 않았어요.
뜻있는 신하들은 용기를 내어 왕에게 충고했어요.

"왕은 백성의 어버이입니다. 백성들이 굶주리고 있습니다.
병사들이 힘을 잃고 있습니다.
잔치를 멈추시고 나라를 돌보소서!"

의자왕은 신하들의 옳은 충고를 따르지 않았어요.
그런 신하들을 감옥에 가둬 버렸지요.
왕의 곁에는 아부하는 신하들만 남게 되었어요.

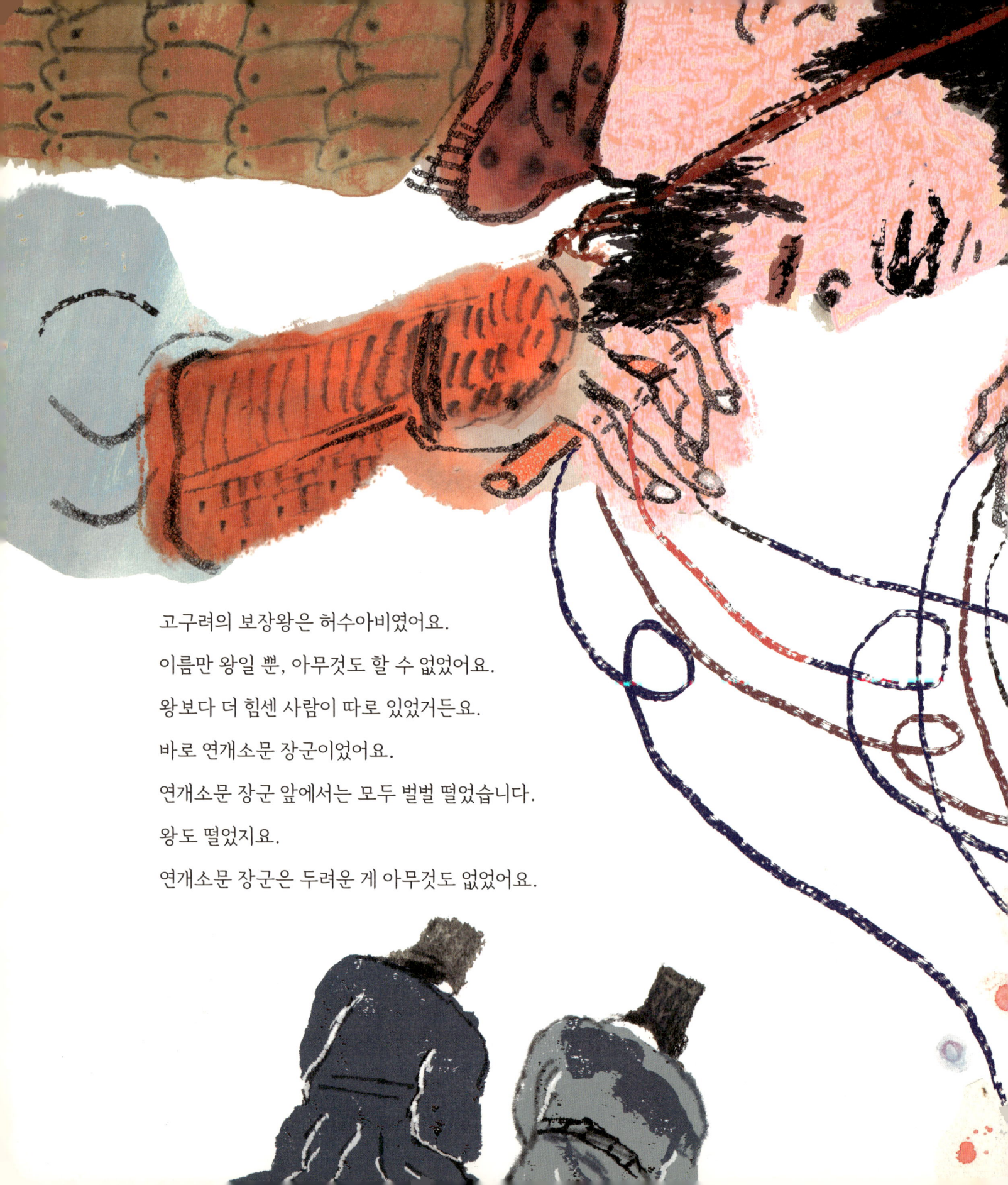

고구려의 보장왕은 허수아비였어요.
이름만 왕일 뿐, 아무것도 할 수 없었어요.
왕보다 더 힘센 사람이 따로 있었거든요.
바로 연개소문 장군이었어요.
연개소문 장군 앞에서는 모두 벌벌 떨었습니다.
왕도 떨었지요.
연개소문 장군은 두려운 게 아무것도 없었어요.

"우리 고구려는 수나라도 당나라도 물리쳤지! 나 연개소문이 있는 한 감히 그 누구도 우리 고구려를 넘볼 수 없다! 음하하하!"

하지만 연개소문 장군은 그만 병으로 쓰러지고 말았습니다. 오래지 않아 세상을 떠났지요.

김춘추는 당나라로 가서 황제를 만났어요.

"폐하. 저희 신라를 도와 백제를 물리치소서!
저희와 힘을 합하여 고구려를 벌하소서!"

당나라 황제는 신라의 말에 솔깃했어요.
백제에는 별 관심이 없었어요.
하지만 고구려는 달랐어요.

수나라도, 당나라도 고구려에 먼저 쳐들어갔다가
큰 패배를 당했어요.
당나라는 고구려에 앙심을 품고 있었지만,
혼자서는 이길 자신이 없었어요.

"좋다! 신라와 우리 당나라가 양쪽에서 고구려를 공격하면 이길 수 있다!
우선 백제로 가자!"

전쟁이 시작되었습니다.
신라와 당나라 대 백제와 고구려.
여러 나라의 운명이 걸린 거대한 전쟁이었습니다.

그런데 신라의 진덕여왕이 갑자기 세상을 떠났습니다.

여왕에게는 자식이 없었어요.

신하들이 머리를 맞대고 의논한 끝에 지혜로운 자를 왕으로 모셨습니다.

새 왕의 이름은 김춘추, 태종 무열왕입니다.

김유신은 신라의 대장군이 되었어요.

김춘추와 김유신, 두 사람은 드디어 오랜 꿈을 이루게 되었어요.

당나라의 소정방 장군이 13만 대군을 이끌고 바다를 건넜어요.
신라의 김유신 장군은 5만의 군사를 이끌고 육지로 달려갔어요.

백제의 의자왕은 그제야 깜짝 놀랐어요.
신하들을 불러 모았지만, 아무런 방법이 없었어요.
왕이 돌보지 않는 동안 나라는 엉망이 되어 버렸던 거예요.
이미 당나라군과 신라군이 사비성 가까이에 와 있었어요.
의자왕은 마지막 남은 희망에 기대를 걸었습니다.

"계백 장군을 데려오라!"

계백은 용맹한 장군이었습니다.
백제군이 이미 힘을 잃었지만 계백 장군은 당당하게 나섰어요.

"신 계백, 백제를 위하여 목숨을 바치겠나이다!"

계백 장군은 오천 명의 병사들을 이끌고 황산벌로 달려갔어요.
김유신 장군이 이끄는 오만 명의 신라군과 마주 싸웠어요.
신라군이 백제군보다 열 배나 많았지요.
하지만 계백 장군은 물러서지 않았습니다.

"백제군은 듣거라!
우리가 여기서 지면, 백제는 망한다. 어찌할 것이냐?
혼자 도망칠 것이냐, 함께 싸우다 죽을 것이냐?"
"끝까지 싸우겠습니다!"

계백 장군과 오천 명의 백제군은 용감하게 싸웠어요.

하지만 열 배나 많은 적군을 이길 수는 없었습니다.

백제군은 차츰 지쳤어요. 한 사람 한 사람 쓰러져 갔어요.

마침내 계백 장군과 오천 명의 백제군 모두 목숨을 잃었습니다.

의자왕은 사비성에서 빠져나와 웅진성으로 도망쳤어요.
하지만 더 이상 백제를 위해 싸울 병사가 없었습니다.
충성스러운 신하들은 감옥에 갇혀 있거나 이미 세상을 떠났지요.
의자왕은 스스로 성문을 열고 항복했어요.
당나라 장군 소정방과 신라 태자 김법민 앞에 무릎을 꿇었어요.
당나라군은 의자왕을 당나라로 끌고 갔어요.
수많은 백제 사람들이 함께 끌려갔지요.

660년, 온조왕이 세운 백제는 세상에서 사라졌습니다.

고구려도 예전 같지 않았어요.
수나라, 당나라와 전쟁을 하느라 나라의 힘이 약해졌어요.
연개소문 장군도 세상을 떠나고 없었어요.
연개소문의 아들들은 서로 사이가 나빴지요.

첫째 연남생은 동생들을 믿지 못했어요.
둘째와 셋째도 아버지의 자리를 형이 차지한 게 마음에 들지 않았어요.

둘째와 셋째는 큰형을 해칠 계획을 세웠어요.

연남생이 그 사실을 알게 되었지만, 두 동생에게 이길 자신이 없었어요.

연남생은 그만 고구려를 버리고 당나라로 도망쳤어요.

"폐하! 살려 주소서! 당나라를 위해 충성하겠나이다!"

당나라의 이적 장군이 고구려로 쳐들어왔어요.
연남생이 앞장서서 당나라군을 이끌었어요.
신라군은 남쪽에서 고구려를 공격했어요.
고구려군은 힘없이 밀려나다 평양성에 갇히고 말았어요.
당나라군과 신라군이 평양성을 에워쌌어요.

"항복하라! 고구려 왕은 항복하라!"

결국 보장왕은 스스로 성문을 열고 항복했어요.

668년, 주몽이 세운 고구려도 세상에서 사라졌습니다.

마침내 신라가 백제와 고구려를 무너뜨렸습니다.
김유신과 김춘추의 오랜 꿈이 이루어졌어요.
하지만 아직 전쟁은 끝나지 않았어요.
백제를 되살리려고 싸우는 사람들이 있었어요.
일본에서 그들을 도우려고 군사를 보내려다 실패하기도 했지요.
고구려를 다시 세우려고 싸우는 사람들도 있었어요.

당나라군은 옛 백제와 고구려 사람들을 공격했어요.
하지만 신라는 달랐어요.
당나라 몰래 옛 고구려 사람들을 슬며시 도왔습니다.

전쟁이 끝났는데도 당나라군은 돌아가지 않았어요.
은근슬쩍 백제를 집어삼키고
고구려까지 차지하려고 했어요.
신라의 왕도 당나라의 신하처럼 대했어요.
고구려와 백제와 신라를
통째로 집어삼킬 속셈이었던 거예요.

신라는 더 이상 참을 수 없었어요.

"옛 백제의 땅에 우리 신라의 관리들을 보내겠노라!
옛 고구려도 신라의 영토이니라! 당나라군은 당장 물러나라!"

결국 신라와 당나라는 전쟁을 시작했어요.

신라군은 온 힘을 다해 싸웠습니다.
하지만 당나라군은 강했어요.
신라군은 당나라군에게 밀렸어요.
많은 병사들이 전투에서 목숨을 잃고 말았지요.
살아남은 병사들은 간신히 서라벌로 도망쳤어요.

김유신 장군의 아들 원술도 가까스로 살아서 돌아왔어요.
그러자 김유신 장군이 몹시 화를 냈어요.

"네 이놈! 화랑의 맹세를 잊었느냐? 임전무퇴!
신라군은 싸움터에서 죽을지언정 도망치지 않는다.
비겁한 자는 내 아들이 아니다! 내 눈앞에서 썩 꺼지거라!"

원술은 다시 전쟁터로 달려갔어요.
죽기를 각오하고 싸웠지요.
모든 신라군이 목숨을 바칠 각오로 싸웠습니다.
기어코 당나라를 북쪽으로 몰아냈어요.

당나라는 깜짝 놀랐습니다.
신라를 만만하게 보고 덤볐다가 호되게 당했어요.
그렇다고 모두 포기할 수는 없었어요.
당나라군은 대동강 북쪽으로 물러나며
신라에게 넌지시 물었어요.

"이만하면 되겠소?"

당나라는 옛 백제 땅에서 완전히 물러났어요.
고구려의 왕궁이 있던 평양성에서도 물러났지요.
그래도 아직 옛 고구려의 넓은 땅은 대부분 당나라가 차지했어요.
신라는 몹시 아쉬웠지만, 계속 전쟁을 하기는 어려웠어요.

"그만하면 되겠소."

기나긴 전쟁이 끝났습니다.

고구려와 백제와 신라. 그리고 가야.
목숨을 걸고 싸울 때도 있었지만, 평화롭게 오가던 때가 많았어요.
나라는 달라도 모두 비슷한 말을 썼어요. 쌀로 밥을 지어 먹었지요.
그 밖에도 비슷한 점이 많았답니다.

가야 땅은 이미 신라였어요.
백제 땅은 이제 신라가 되었어요.
고구려의 남쪽 땅도 신라 땅이 되었지요.
비로소 한 나라가 되었습니다.
통일된 땅에 평화가 찾아왔습니다.

나의 첫 역사 여행

사라진 왕국의 흔적을 찾아서

황산벌

백제 군사 박물관 ▼　www.nonsan.go.kr/museum/

계백 장군과 오천 명의 백제군은 황산벌에서 신라군과 맞섰어요.
하지만 신라군의 숫자가 열 배도 넘었어요.
백제군은 목숨을 걸고 싸웠지만 신라군에 졌어요.
모두 황산벌에서 목숨을 잃고 말았어요.
오늘날 그곳에는 계백 장군의 묘와 장군을 기리는 충장사가 있어요.
황산벌을 한눈에 내려다볼 수도 있어요.

황산벌의 계백 장군 유적지

사비성

백제세계유산센터 ▼　baekje-heritage.or.kr
국립 부여 박물관 ▼　buyeo.museum.go.kr

황산벌에서 승리한 신라군은 사비성으로 달려갔어요.
바다를 건넌 당나라군도 왔어요.
의자왕은 가까스로 도망쳤고, 남은 백제군은 항복했어요.
신라군과 당나라군은 사비성을 모두 불태워 버렸어요.
그래도 충남 부여에는 사비성의 흔적이 남아 있어요.
유네스코 세계문화유산에 등재된 백제역사유적지구에는
사비성을 지키던 나성과 왕들의 무덤 그리고 성터도 있어요.

사비성 외곽을 둘러싼 부여 나성

평양성

평양성 내성 동쪽의 대동문

고구려도 신라의 당나라 연합군에 의해
평양성에서 최후를 맞았어요.
보장왕과 많은 고구려 사람들이 당나라로 잡혀갔어요.
지금도 평양에는 평양성의 흔적이 남아 있어요.
고구려의 왕릉도 많지요.
하루빨리 통일이 되어서 평양성으로 달려가면 좋겠어요.

웅진성

의자왕은 웅진성에서 다시 군사들을 모으려고 했어요.
하지만 예식진이라는 장군의 배신으로 그만 적군에게 성문을 열고 말았어요.
그리고 당나라로 끌려가 영영 돌아오지 못했어요.
충남 공주의 백제역사유적지구에는 웅진성의 일부인 공산성이 있어요.
옛 웅진성의 흔적이 남아 있는 거지요.
화려한 백제의 멋을 자랑하는 무령왕릉도 멀지 않아요.

국립 공주 박물관 ▼ gongju.museum.go.kr

공산성

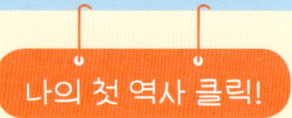

나의 첫 역사 클릭!

용이 된 왕

백제와 고구려를 멸망시킨 뒤에도 당나라는 물러나지 않았어요.
신라까지 몽땅 집어삼킬 욕심이었지요.
신라는 당나라와 맞서 싸웠어요. 6년 동안 전쟁이 계속되었어요.
그러던 중 당나라에서 무려 오십만 대군이 몰려온다는 소식이 들려왔어요.
신라군의 힘으로는 막기 어려웠어요.
신라의 문무왕은 크게 근심하며 명랑법사를 불렀어요.
명랑법사는 많은 존경을 받는 스님으로 용궁에서 지혜를 얻어 온 적도 있다고 했어요.
명랑법사는 부처의 힘을 빌려야 할 때라고 했어요.

"신유림에 절을 지어야 합니다."
"하지만 당장 당나라군이 몰려오고 있는데 어찌 나무를 베고 있단 말이오?"
"우선 색깔 있는 명주실로 절의 모양을 만들면 됩니다.
그리고 저와 열두 명의 스님이 함께 기도하겠습니다."
곧 세찬 바람이 불었어요. 당나라군이 타고 온 배들이 줄줄이 침몰했지요.
살아남은 당나라군은 신라군의 호된 공격에 물러났어요. 전쟁이 끝났습니다.
문무왕은 삼국을 하나로 만들고 나라를 잘 다스렸어요.

문무왕이 묻힌 대왕암   **문무왕이 용이 된 모습을 보였다는 이견대**

그리고 세상을 떠나며 이렇게 유언을 남겼어요.
"나는 죽어서 나라를 지키는 용이 될 것이오. 그러니 나를 바다에 묻으시오."
문무왕은 경주에서 가까운 바닷속 대왕암 아래에 묻혔어요.
바다의 용이 되어 영원히 우리를 지키고 있어요.

글 이현

세상 모든 것의 이야기가 궁금한 동화작가입니다. 우리나라 곳곳에 깃든 이야기를 찾아 어린이들의 첫 번째 역사책을 쓰고 있습니다. 그동안 《짜장면 불어요》, 《로봇의 별》, 《악당의 무게》, 《푸른 사자 와니니》, 《플레이 볼》, 《일곱 개의 화살》, 《조막만 한 조막이》, 《내가 하고 싶은 일, 작가》 등을 썼습니다. 제13회 전태일 문학상, 제10회 창비좋은어린이책 공모 대상, 제2회 창원아동문학상 등을 받았습니다.

그림 허구

마음을 두드리는 개성이 가득한 그림을 그리는 그림작가입니다. 대학에서 회화를 공부하고 광고와 홍보에 관련된 다양한 일을 하다가 지금은 어린이 책에 그림을 그리고 있습니다. 그린 책으로 《직지 원정대》, 《꿈꾸는 꼬마 돼지 율》, 《바람으로 남은 엄마》, 《여기가 상해 임시 정부입니다》, 《용구 삼촌》, 《겨자씨의 꿈》, 《커피우유와 소보로빵》 등이 있습니다.

나의 첫 역사책 7 — 삼국을 넘어 하나로 삼국 통일

1판 1쇄 발행일 2019년 4월 5일 | 1판 9쇄 발행일 2023년 1월 9일
글 이현 | 그림 허구 | 발행인 김학원 | 기획 이주은 박현혜 도아라 | 표지·본문 디자인 유주현 한예슬
저자·독자 서비스 humanist@humanistbooks.com | 스캔 (주)로얄프로세스 | 용지 화인페이퍼 | 인쇄 삼조인쇄 | 제본 영신사
발행처 휴먼어린이 | 출판등록 제313-2006-000161호(2006년 7월 31일) | 주소 (03991) 서울시 마포구 동교로23길 76(연남동)
전화 02-335-4422 | 팩스 02-334-3427 | 홈페이지 www.humanistbooks.com

글 ⓒ 이현, 2019   그림 ⓒ 허구, 2019

ISBN 978-89-6591-364-1 74910
ISBN 978-89-6591-332-0 74910(세트)

- 이 책은 저작권법에 따라 보호받는 저작물이므로 무단 전재와 무단 복제를 금합니다.
- 이 책의 전부 또는 일부를 이용하려면 반드시 저작권자와 휴먼어린이 출판사의 동의를 받아야 합니다.
- **사용연령 6세 이상** 종이에 베이거나 긁히지 않도록 조심하세요. 책 모서리가 날카로우니 던지거나 떨어뜨리지 마세요.